W0356559

LolliPop

Fibel 1

Ein Leselehrgang von
Wilfried Metze

Illustriert von

Silvio Neuendorf
Magdalena Sorgenlos-Chrzanowska

Cornelsen

AN
NINA

An
Nina

AN
NINA
An
Nina

AN
NINO

An
Nino

PIPPI LANGSTRUMPF
AN NINO
An Nino
MÄRCHEN aus aller Welt
RITTER und BURGEN

PISA
PUZZLE
DIE KLEINE HEXE
DER KLEINE VAMPIR
DER STERNENHIMMEL
PFERDE PFERDE
WUNDER DER NATUR
AN NINA
An Nina

Oma ?
AN NINA
PISA

Mama
Papa

M m
P p

Opa ?

Papa

A a
E e
I i
O o
I
II
P p
B b
F f
W w
T t
D d
Z z
S s
K k
G g

U u
Ä ä
Ö ö
Tür
Ü ü
Nn
Au au
M m
Ei ei
L l
Sch sch
acht
Milch
8
R r
Ch ch
H h
J j

Ii
Nn
Mm
Oo
Pp
Aa

Lama
L l

o
m
i
L
a
l
l
i
Plan
Lolli

Nino mit Lolli
im T-Tal

Nino ist satt .

Tolle Inseln im lila See .

Alle Esel essen Linsen .

Mmm ! Sonnen-Tee !

Esel mit Sattel – nee!
Seltene Nasen im Nasen-Tal!
Tante Tinas Sonnen-Tee!
11
PLAN
1. Esel lesen.
2. Enten essen Tomaten.
3. Tanten messen Palmen.
4.

In das Dino-Land
3
D d

Nino ist mit Lolli
im Dino-Land .
Lollis Idee ist toll .
Dino Leo ist nett .

Der arme Dino ist am Ende .
Lolli soll den Plan
der Elster lesen .
Der Plan nennt alle
Ritter-Namen .

Ritter Tasso Rostnadel
Ritter der roten Rose
Ritter des Sandes
Ritter des Ostermondes
Ritter des roten Planeten
Ritter Adam Rotnase
Ritter des Tannen-Sees
R

Nennt den Namen des Ritters mit einem roten Adler – oder das ist das Ende der Reise!
Ei ei

Einen Moment !

Lolli redet leise mit Nino .

Nino nennt den Namen .

Der Ritter ist mit einem Mal nett .

In einem Dorf treffen
andere Ritter ein .
Alle feiern ein Fest .

Ritter Adam Rotnase
feiert mit .
Ein Taler trifft Nino am Arm .
Dort ist ein offenes Fenster .
Nino nimmt eine Leiter .

Ist das ein Labor ?
Aber ein Labor mit einem Bett ?

Das Bild neben dem Bett
ist seltsam .
Ob das ein Plan ist ?
Lolli meint, dass man
alle Farben finden soll .
Nino meint, dass
man lesen soll .

Nino nimmt das Bild
der Elster ab .
Da hinter ist ein Hebel .
Beide drehen daran .
Da ist eine hohe Treppe .
Oben ist es heller .

Nino hilft Lolli
beim Lesen .

Deine Helferin hat
einen Schnabel.
Schreibe den Namen.
Er lebt im Meer
oder in Seen.
Er hat Flossen.
Er lebt an Seen.
Er hat Beine.
i F sch
E t e l s r
r o F sch

Nino tritt als Erster in eine Halle.
Am Boden sind Bilder.
In der Mitte arbeitet eine Maschine.
An der Maschine sind Schilder mit Schaltern.

Lolli schaltet einen Hebel.
Es erscheint Schrift.
Nino soll mit Lolli drei Namen raten.

Schnell schreibt Nino alle Namen.
In der Maschine rattert es.
In der Halle schallt es.
Dann ist alles finster.

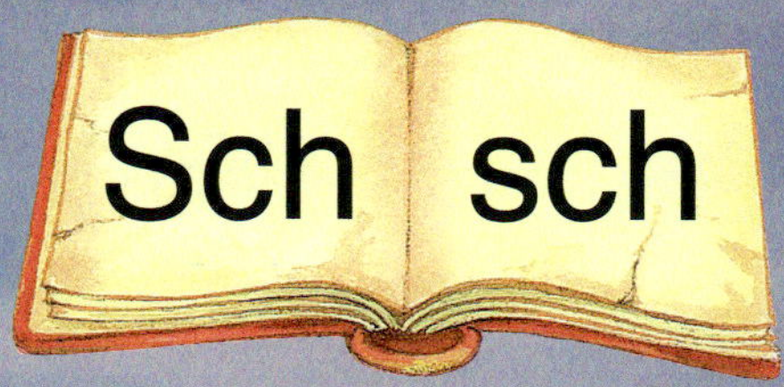

Mit einem Mal ist es hell und leise.
Schalter, Lampen und Maschine sind fort.
Nino ist nun allein.

Ein seltsamer Ton hebt an.
In der Luft schimmert es
in hundert Farben.
Es schneit bunte, duftende Blumen.
Und Lolli ?

Oben in den Blumen
ruft es leise:
Rudere mit den Armen!

Das tut Nino.

Was ist denn das?

Wo sind wir?

Nino und Lolli schweben.

Ist das das Land der Winde?

Da erfasst beide ein sanfter Wind.

Nino will wissen, wo Lolli bleibt.
Er ruft: *Was ist los mit dir?*
Wohin willst du?
Lolli wird schneller.
Nun erwischt beide
ein frischer Wind.

Der Wind wirbelt sie in die Tiefe.
Sie fallen immer schneller.
Unten sehen sie eine Wiese.
Ist dies das Ende?
Nino schreit.

Mit einem Mal ist wieder Ruhe.
Was ist passiert? Wo sind sie?
Ein Riese fasst Nino an der Schulter.
He, Nino! Was ist los?
Der Riese ist Ninos Papa.

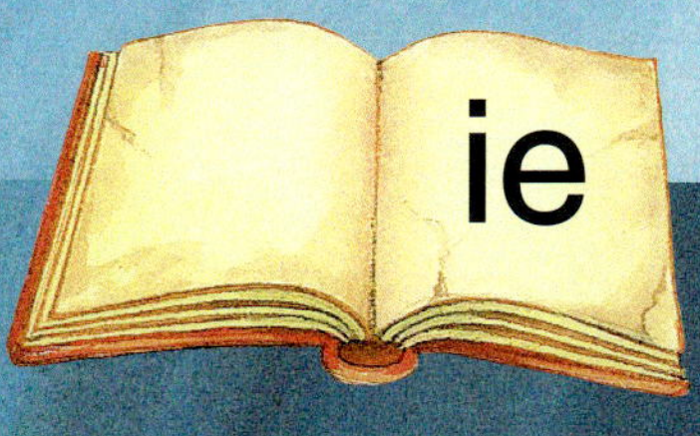

Wo ist Lolli? Nino sucht unter dem Bett.
Sie ist nicht da.
Wer ist denn Lolli?, will Papa wissen.
Nino antwortet: *Lolli will lesen lernen.*
Sie ist nett. Ein Wind hat uns erfasst.

Der Papa meint: *Das war nur im Schlaf, Nino.*
Nino wird unsicher.
Aber dann ruft er: *Da ist sie doch! Das ist Lolli!*

Auf dem Teppich ist Ninos Buch.
Es ist offen.
Lolli lacht Nino aus dem Buch an.
Also war doch alles nur ein Traum.
Ninos Papa betrachtet das Buch.

In diesem Raum war ich mit Lolli.
Papa schaut Nino an.
Nino lacht: *Ich meine – im Traum.*

Es ist Sonnabend. Da ist keine Schule.
Nino holt Nina ab. Sie wollen in den Park.
Nina hat auch ein Buch
mit einem Kobold bekommen.

Auf dem Markt kaufen sie
Kirschen.

Im Park sind viele Menschen.
Vorhin kam auch Ninos Papa vorbei.
Er rennt oft im Park mit den
anderen aus seinem Verein.

Aber die beiden Kinder sehen kaum
etwas vom Park und von den Menschen.
Nina liest in dem Buch mit Lolli.
Und Nino schaut sich Ninas Buch an.
Darin lernt er den Kobold Pop kennen.
Sie merken, dass Pop der Bruder
von Lolli ist.
So tauchen sie wieder in
die fremden Welten ein.

Nino landet in einer fremden,
kalten Gegend.
Dort gibt es kein Gras, nur
seltsame Tiere.
Die gefallen Nino gar nicht.
Er findet sie gruselig.
Lolli ist fort.
Nino will sie suchen gehen.

Ein Vogel ruft immer den gleichen Vers:

Rote Glut kennt Lolli gut.

Das gelbe Wort weist dir den Weg.

Der Weg endet bei dem riesigen
Elefanten vor dem Vulkan.
Aus dem Rüssel kommt grünes Licht.
Nino kriecht hinein.
Puu! Nichts Schlimmes wartet auf Nino.
Da ist nur ein Raum mit drei Türen.

Über den Türen findet Nino Bilder.
Am Boden liegen drei Schlüssel.
Aber welcher Schlüssel
passt in welches Schloss?
Und welche Tür hat Lolli genommen?

Ü ü

Überlege gut,
Nino!

Nino nimmt die erste Tür und den 2. Schlüssel.

Der Hahn ruft achtmal: *Kikeriki!*
Die Tür geht leise auf.

Ein alter Mann und vier Tiere kommen Nino entgegen:
ein Reh, ein Huhn, ein Fohlen und eine Kuh.

Der Mann sagt: *Du suchst Lolli?*
Ein Tier wird dich führen. Triff die richtige Wahl.
Nur ein Tier sagt die Wahrheit. Folge ihm!

Füttere mich! Es lohnt sich.
Meinen Lohn kannst du essen.
Ich wohne im Urwald.
Mein Fell ist aus Gold.
Auf mir reiten edle Ritter.
Sie tun alles, was ich befehle.
ah eh
ih oh
uh üh

UHREN-TIPPS
NUR 50

Das Huhn führt Nino zu dem gelben Zelt.
Nur eine riesige schwarze Uhr ist darin zu sehen.
Darauf sind aber keine Zahlen, sondern Tiere.

Die Zeiger sollen an die Uhr. Aber wie?
Die Uhr hilft Nino. Sie flüstert zehnmal:
Zeige die Zeit! Zeige die Zeit!
Nino will es deshalb mit zehn Uhr versuchen.
Aber worauf müssen dann die Zeiger stehen?

Der kleine Zeiger kommt zum Zebra.
Der andere zeigt auf den Löwen.
Nino hört ein lautes Knarren.
Schnell klettert er von der Leiter.

Die Tür der Uhr öffnet sich ein wenig.
Ölt doch endlich die Scharniere!
Das Wesen hinter der Tür hört sich
ziemlich böse an: *Was ist nun?*
Komm doch endlich herein!

Nino fasst sich ein Herz und tritt ein.

Hinter Nino knarrt es. Die Tür knallt zu!
Nino stemmt sich dagegen.
Aber das hilft auch nicht.

Er steht in einer finsteren Höhle.
Mehrere Treppen führen in die
Tiefe. Auf den Stufen schimmern
Buchstaben.

Da poltert die Stimme wieder los:
Willst du ewig da oben stehen bleiben?
Zu den Bildern geht es hierher!

Nino folgt der Stimme.
Er steigt die Treppe hinab, die mit Z beginnt.
Sie ist sehr steil.
Die Buchstaben zeigen Nino den Weg.

ES GEHT NICHT
IRRTUM
EISKALT
ZU DEN
BILDERN
HIER NICHT
VERSUCHE ES
WOANDERS

Nino wählt den Weg zum gelben Licht.
Ärgerlich poltert die Stimme:
Komm endlich oder schläfst du?

Nino tritt in einen dämmrigen Raum.
Nur die Bilder an den Wänden strahlen hell.
Aber eigentlich sind es Rätsel.
Das erste zeigt Buchstaben mit Linien und
grüne Haare. Nino buchstabiert: *M – Ä – ...*

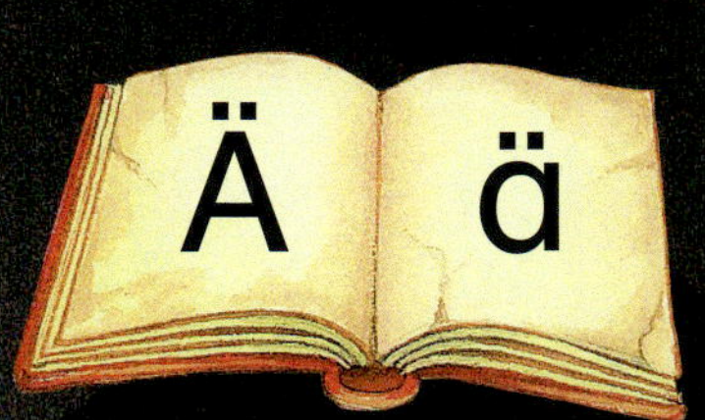

Ein lustiges Lachen kommt aus dem Bild.
Nun kann Nino das Rätsel lösen.

Kaum hat Nino das Wort MÄDCHEN gesprochen,
als ein komischer Spuk beginnt.
Die Buchstaben verschwinden und Lolli erscheint.
Nino ruft: *Lolli!* Aber es ist nur ein Bild.

Nino spricht das zweite Bild an:
Und du bist ein Dino!
Das Ei öffnet sich und ein Saurier spaziert heraus.
Lolli und der Saurier! Was ist das für ein Spiel?

Nino ist gespannt auf
die anderen Rätsel.

Nino hat auch die anderen Rätsel gelöst.
Die Bilder haben sich verändert.
Der Vogel blickt Nino frech an.
Ein meckerndes Gelächter schreckt Nino auf.
Er dreht sich um.
Hinter einer Staffelei in der Ecke scheint
sich einer zu verstecken.

Das Lachen erinnert Nino an den Vogel
auf dem Bild. Schnell rennt er in die Ecke.

Doch da ist keiner mehr.
Das Bild auf der Staffelei ist zugedeckt.
Auf der Decke steht ein Spruch.

Nino packt die Decke
und zieht sie mit einem Ruck weg.

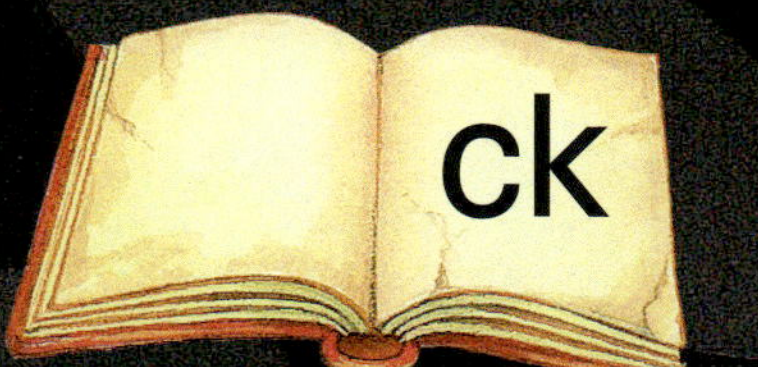

Nino ist es heiß
und kalt zugleich.
Schweiß tritt
auf seine Stirn.
Was soll das bloß?
Der Spaß geht ihm zu weit.

Wo steckt der Spaßvogel?
Das meckernde Gelächter
kommt von drüben.

Nino reißt das Bild von der Staffelei
und rennt zur anderen Seite.
Er schreit: *Wo bist du? Zeige dich!*

Plötzlich wird es hell im Zimmer.
Wach auf, Nino! Es ist ein Traum!, ruft Ninos Vater.

Nino wird wach und weint: *Papa, ich schwitze so.*
Papa sitzt bei Nino auf der Bettkante.
Er befühlt Ninos Stirn und sagt: *Du hast Fieber.*
Ich schätze, du hast dich gestern im Park erkältet.

Vor dem Fenster meckert eine Elster.
Nino bleibt den ganzen Tag im Bett.
Sein Hals tut weh.
Am Abend kommt Frau Doktor Lutz.

Nino streckt die Zunge heraus. Die Ärztin tastet Ninos Hals ab. Sie hört auch die Lunge ab. Nino hat Angst, dass er eine Spritze bekommt.

Frau Lutz lächelt und erklärt ihm:
Es ist zum Glück nichts Schlimmes. Die Mandeln sind nur etwas entzündet.

Du nimmst dreimal am Tag diesen Saft aus der Apotheke. Es dauert nicht lang, dann springst du wieder draußen herum.

Nino geht es jetzt schon viel besser.
Er soll jedoch noch zwei Tage zu Hause bleiben.

Vorhin war auch Julia da.
Sie musste wieder los,
weil sie Judo hat.
Bestimmt kommt sie
gleich noch einmal zurück.
Sie hat nämlich etwas
vergessen.

Nina ist zu Besuch.
Jeder zeigt dem anderen
ein Rätsel
aus seinem Buch.
Nina jubelt.
Sie hat das erste
Bilder-Rätsel schon gelöst.

Lieber Nino,
Eu eu

Nino hat Post bekommen.
Auf dem Umschlag ist eine Eule.
Der Brief kann nur von seinem Opa sein.

Neugierig reißt Nino den Umschlag auf.
Sein Opa lebt in einer anderen Stadt.
Er hat dort einen Laden mit alten Sachen.

Nino und Nina werden von Opa eingeladen.
Sie dürfen ihn in den Ferien
für zwei Wochen besuchen kommen.
Nino freut sich. Das wird bestimmt aufregend.

Der Brief ist eine Spur
zum Geheimnis der Bücher.

ANTIQUARIAT

Endlich ist es so weit.

Ninas Mutter und die Kinder sind im Zug gekommen.

Das war bequemer als im Stau zu stehen.

Gleich müssen sie da sein.

Der Weg führt quer durch den Park.

Ich glaube, das dort drüben ist es!

Nino zeigt auf ein altes Haus mit Türmchen und Erkern.

Mach keinen Quatsch!

Das ist ja das reinste Märchenschloss!, ruft Nina.

Das Gartentor quietscht.

Über der Tür hängt ein Schild: Antiquariat.

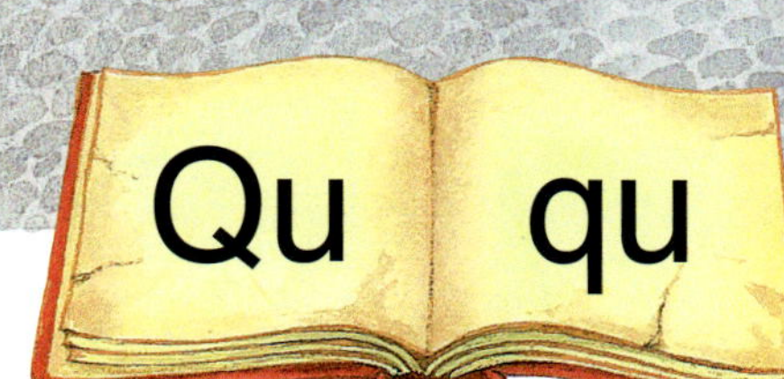

Das Haus ist ganz mit Efeu bewachsen.
Man sieht kaum die Schilder neben der Tür.
Nino fragt: *Wo ist die Klingel?*
Nina antwortet: *Schau, dort beim Dachs.*

Das untere Schild ist seltsam.
Es gibt Tierbilder,
Namen und sechs Zeichen.
Der Zettel ist für euch!,
ruft Ninas Mutter.

Nino drückt auf die Knöpfe mit c, h und s.

Drinnen ist ein lustiges Pfeifen zu hören.
Die Tür öffnet sich einen Spalt und ein Kopf
mit weißen Haaren schaut heraus.

Da seid ihr ja! Ninos Opa umarmt alle.
Der alte Mann erinnert Nina an etwas aus
dem Lesebuch. Aber er ist sehr freundlich.

Der große Raum steht voll mit seltsamen Dingen,
und überall wachsen Pflanzen.

Die Kinder staunen.
Viele wundervolle Dinge gibt es zu entdecken.
Da hört Nina ein Räuspern.
Oh, Verzeihung, liebe Rose!
Ninos Opa läuft zur Säule.

Er stellt den Besuchern eine alte Dame vor:
Darf ich vorstellen? Das ist Frau Bräutigam.
Frau Bräutigam ist so etwas wie meine Braut.
Der alte Mann kichert.

Der Urlaub bei den beiden Alten ist
ein einziges Abenteuer.
In allen Räumen stehen seltsame Dinge.

Nina streichelt mit einem Finger
einen ausgestopften Python.
Die Hyäne ist ihr zu hässlich.

Nino hat ein Buch über Hypnose gefunden.
Was er damit wohl anfangen will?
Den Zylinder trägt er schon seit Tagen.

Das größte Geheimnis entdecken sie jedoch
im Arbeitszimmer von Rose Bräutigam.

An der Tür hängt ein lustiges Comic-Bild.
Es zeigt eine Hexe und einen Clown:
Frau Bräutigam und Ninos Opa.
Das Bild hat sie selbst gemalt.

Den Kindern fallen fast die Augen aus dem Kopf.
Überall hängen Bilder von Lolli und Pop,
den Kobolden aus den Bilderbüchern.
Hexen und Zwerge sind ebenso zu sehen
wie die Ritter, die Elster und und und.

Ninos Opa hat sich die Geschichten ausgedacht,
und Frau Bräutigam hat die Bilder dazu gemalt.

Nun sitzen die Kinder oft bei den beiden Alten
am Tisch oder am Computer.
Sie denken sich selbst neue Geschichten
mit den Kobolden aus.

nk

Frau Bräutigam stöhnt und lacht zugleich:
Bei eurer Fantasie muss ich ja hundert Jahre alt werden um das alles zu malen.

Aber viele Geschichten malen und schreiben die Kinder auch selbst.
Das macht genauso viel Spaß wie das Lesen.

SPORTPLATZ
TURNHALLE
Was tust du da?

Nino !

Eine Reise mit 5 Sinnen

Oma lernte anders lesen als Nina.

PUZZLE
HALMA
Dame/Mühle
MONTAG
Schirin
Robin
DIENSTAG
Nina
Thomas
MITTWOCH
Steffi
Mirko
DONNERSTAG
Nino
Anna
FREITAG
Fatima
Lars

KATZENSTREU
Warum hast du kein Haustier?
KATZIKIT
APPI
Ich mag Tiere viel zu gern.

BÄCKEREI MEIER
24
FOTO
BLUMEN

KINDERGARTEN
GRUNDSCHULE
Popillol-KAUFHAUS
30
POLIZEI
LECKER
KINO
STEFAN SPIELKIND ZEIGT!
DINOS
erobern
ALTDORF
NOTAUSGANG

Lärche
Ahorn
Kastanie
Fichte
Buche
Lärche
Eiche
Kiefer

Mensch:
Gefahr für die Natur
MINUS
CHIPS
SN - 19 67

Aus dem Foto-Album:
Ninas Eltern

1

BIOGURT
WALD FRUCHT
BANONE
Dr. Oenko
SILVIO PLUS SAHNE
ERDNUSS-FLOCKEN
CHIO
STUDENTEN FUTTER
MILCHRIESE
LILAKA
SATURN
SILVIOS
SNACK
NIMM 4

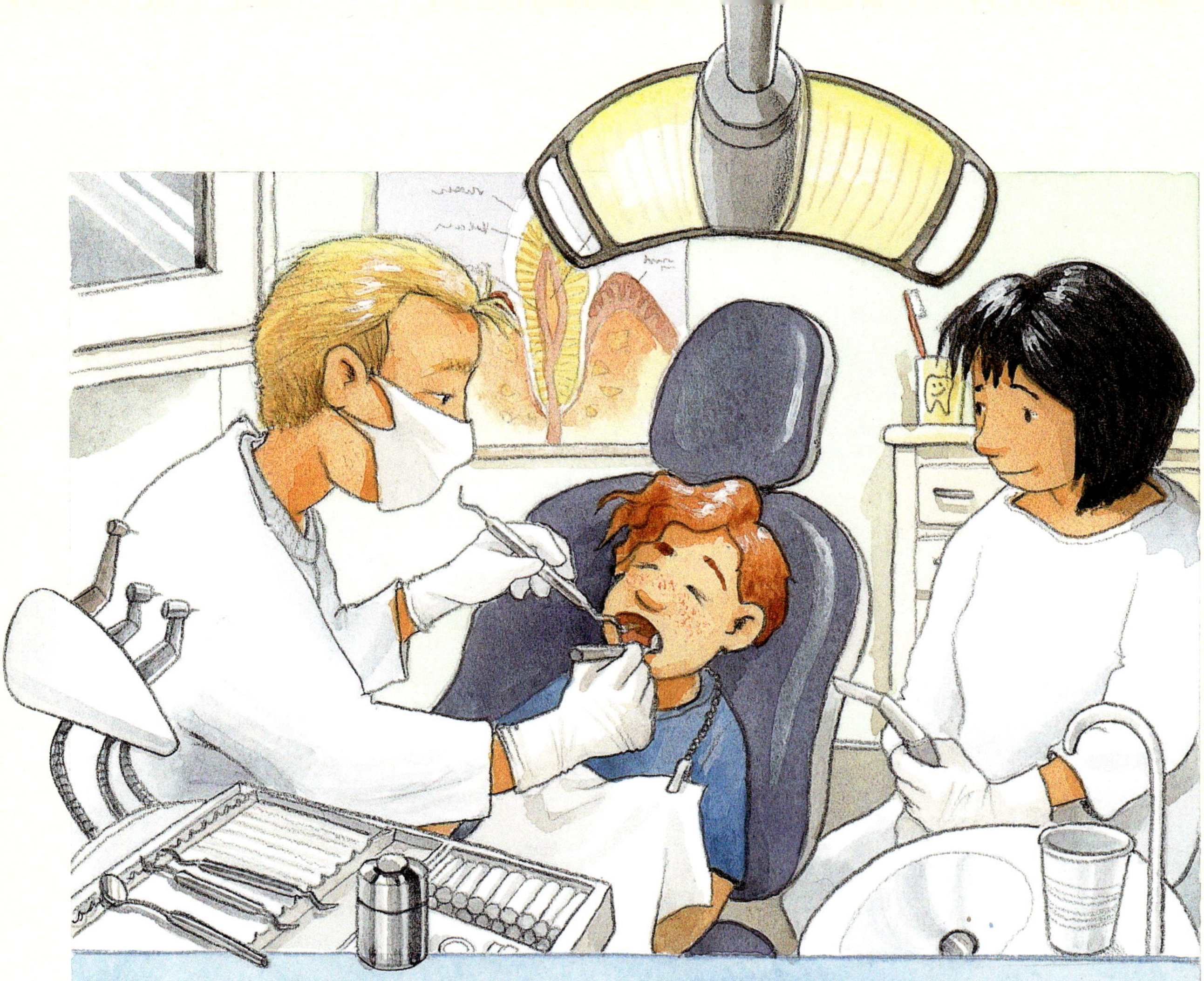

So oder so?

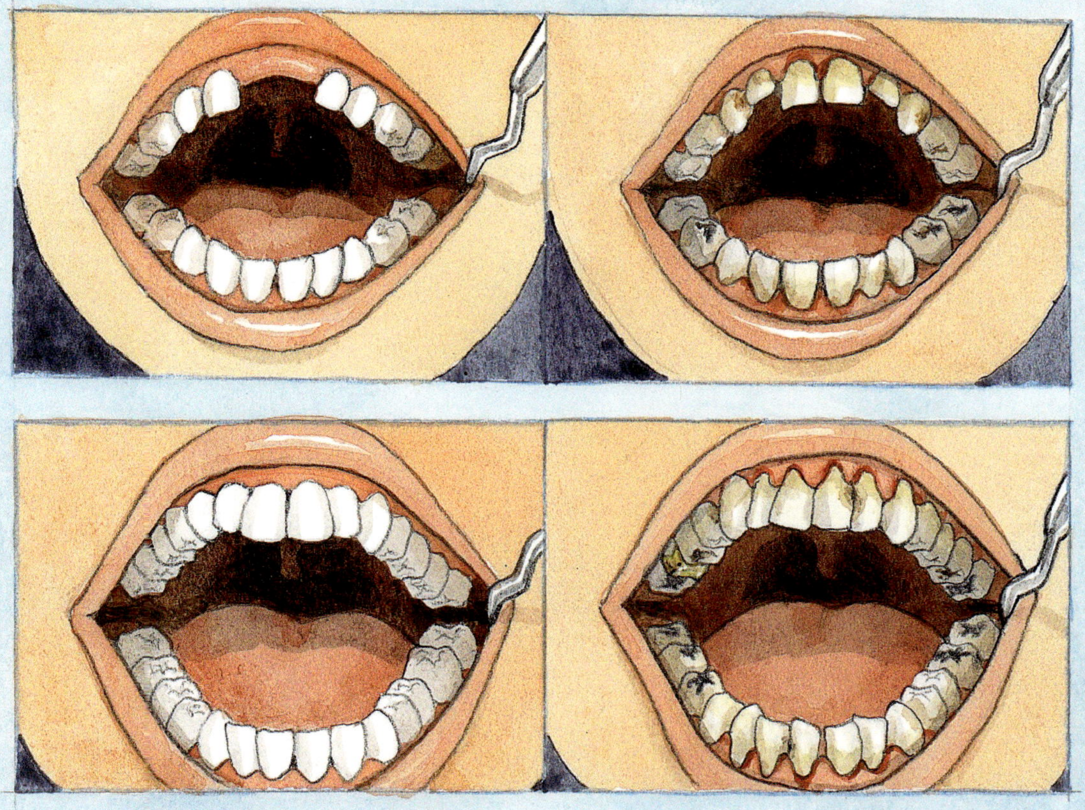

Soll das alles in Ninas Mappe ?

DER KLEINE VAMPIR
WUNDER DER NATUR
Tiergeschichten
KLEINE HEXE

Herbst

Winter

Frühling

Sommer

Inhalt

LolliPop
Fibel 1

Ein Leselehrgang von
Wilfried Metze

Auf Basis der 1. Ausgabe von 2000

unter Mitarbeit von
Angelika Finke-Meyer, Pattensen
Claudia Janoschka, Swisttal-Essig
Ursula Neidhardt, Wiesbaden
Marianne Raulefs, Kaiserslautern

Redaktion: Nicole Namour
Gestaltung und Kalligraphie: Katharina Wolff-Steininger (Inhalt), tritopp (Umschlag/Titelei)
Technische Umsetzung: Sandra Knopke, Katharina Wolff-Steininger
Grafik: Silvio Neuendorf (Realwelt und Figuren/Umschlag), Magdalena Sorgenlos-Chrzanowska (Fantasiewelt)

www.cornelsen.de

1. Auflage, 4. Druck 2009

Alle Drucke dieser Auflage sind inhaltlich unverändert
und können im Unterricht nebeneinander verwendet werden.

© 2007 Cornelsen Verlag, Berlin

Das Werk und seine Teile sind urheberrechtlich geschützt.
Jede Nutzung in anderen als den gesetzlich zugelassenen Fällen bedarf
der vorherigen schriftlichen Einwilligung des Verlages.
Hinweis zu den §§ 46, 52 a UrhG: Weder das Werk noch seine Teile
dürfen ohne eine solche Einwilligung eingescannt und in ein Netzwerk eingestellt
oder sonst öffentlich zugänglich gemacht werden.
Dies gilt auch für Intranets von Schulen und sonstigen Bildungseinrichtungen.

Druck: CS-Druck CornelsenStürtz, Berlin

ISBN 978-3-06-081176-2

Inhalt gedruckt auf säurefreiem Papier aus nachhaltiger Forstwirtschaft.